Victorian Fashion Notebook

ILLUSTRATIONS

1-4	1878	64-65	1894
5-8	1879	66-68	1895
9-10	1880	69-71	1896
11-13	1881	71-74	1897
14-17	1882	75-79	1898
18-21	1883	80-83	1899
22-25	1884	84-86	1900
26-31	1885	87-91	1901
32-35	1886	92-94	1902
36-38	1887	95-97	1903
39-41	1888	98-101	1904
42-48	1889	102-104	1905
49-50	1890	105-107	1906
51-52	1891	108-111	1907
53-55	1892	112-115	1908
56-63	1893	116-117	1909
		118-121	1910

Design © 2021 Celia S. Friedman

ISBN:
978-1-7379778-1-0 (PB)
978-1-7379778-3-4 (HC)

www.csfriedman.com
www.tridacpublishing.com

Printed in Great Britain
by Amazon

c854c22d-e631-4101-8ef5-337545232914R01